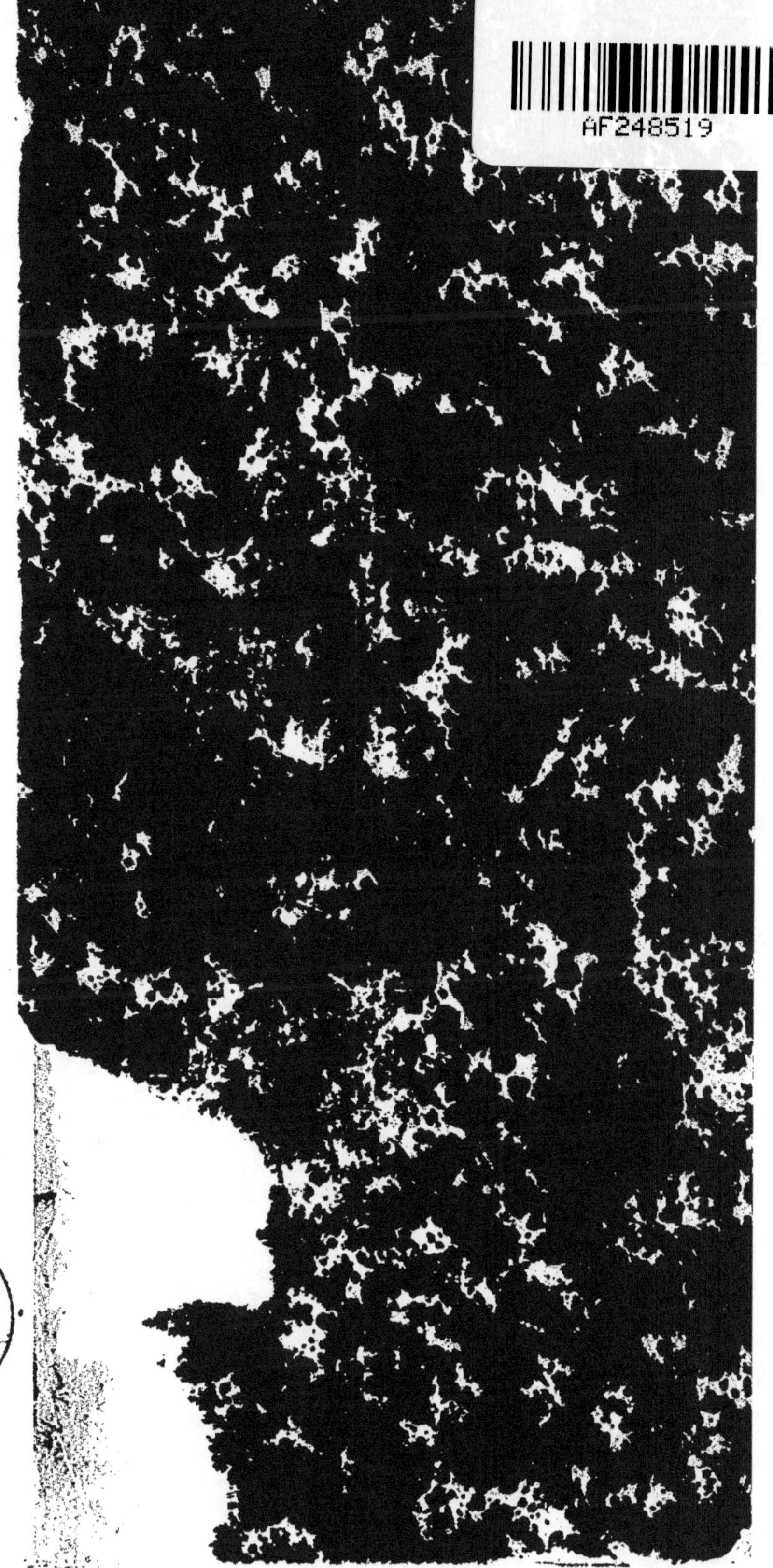

FRAGMENTS

DE

JOURNAL

DE

LA MALADIE ET DE LA MORT

DE

LOUIS XIII

PAR

ANTOINE

Garçon de la chambre du Roy.

Transcrits sur le manuscrit de la Bibliothèque de la ville de Saint-Germain en Laye

PAR

ALFRED CRAMAIL.

FONTAINEBLEAU

ERNEST BOURGES, IMPRIMEUR BREVETÉ

32, rue de l'Arbre-Sec.

1880

FRAGMENTS DU JOURNAL

De la Maladie et de la Mort

DE

LOUIS XIII

Par ANTOINE

Garçon de la chambre du Roy.

FRAGMENTS

DU

JOURNAL

DE

LA MALADIE ET DE LA MORT

DE

LOUIS XIII

PAR

ANTOINE
Garçon de la chambre du Roy.

Transcrits sur le manuscrit de la Bibliothèque de la ville
de Saint-Germain en Laye

PAR

ALFRED CRAMAIL.

<hr>

FONTAINEBLEAU

ERNEST BOURGES, IMPRIMEUR BREVETÉ

32, rue de l'Arbre-Sec.

1880

FRAGMENTS DU JOURNAL

DE

LA MALADIE ET DE LA MORT

DE

LOUIS XIII

Par ANTOINE
Garçon de la chambre du Roy.

———

La bibliothèque de la ville de Saint-Germain-en-Laye possède deux copies d'un manuscrit intitulé: « Antiquités et origines de Saint-Germain et de ses environs avec la relation de la maladie et de la mort de Louis XIII, roy de France, par Antoine l'aîné, garçon de la chambre du feu Roy. »

La lecture de ce récit offre un très grand intérêt; on est frappé de l'accent de sincérité et de respectueux attachement qui s'y fait remarquer; cette narration est due à la plume d'un témoin que la nature de ses fonctions retenait constamment près du Roi. Il nous paraît suffisamment démontré, après de nombreuses recherches dans les bibliothèques publiques, que le journal d'Antoine n'a jamais été imprimé; quelques historiens le citent, mais on fait surtout mention d'un autre journal de la maladie et de la mort de Louis XIII publié par Dubois, l'un des valets de chambre du Roy; toutefois ce mémoire très écourté semble n'avoir été écrit que pour être offert à Louis XIV et attirer à son auteur les marques de la faveur royale. Tout autre est le but d'Antoine. Dans son récit, il s'efface sans cesse et diminue sa personnalité, tandis que Dubois se met toujours en scène et exagère l'importance de ses fonctions. Antoine a été le témoin des derniers instants de la vie de son maître, il en a transcrit les moindres particularités sous la forme d'un journal, pour les rappeler à la mémoire de ses enfants. Plus tard lorsque des seigneurs restés fidèles au souvenir du feu Roy lui ont demandé son manuscrit, il semble redouter cette apparence de publicité et ne se décide qu'avec peine à en donner des copies. « En faisant, dit son fils Jacques Antoine, garçon ordinaire de la chambre de Louis XIV, une relation exacte et fidèle de ce qui s'est passé dans le cours de la dernière maladie et à la mort de Louis le Grand, nous ne faisons que suivre les traces de nos ancêtres; nous conservons précieusement le journal historique de la mort de Louis XIII dressé par le sieur Antoine, notre père, garçon de la chambre de ce prince et ensuite du feu Roy. Les copies s'en sont multipliées et nous n'avons pu en refuser aux plus grands seigneurs de la Cour qui, dans le temps, nous les ont demandées. »

Aucune narration n'est aussi complète;

elle semble être la source où puisèrent les historiens de l'époque et les auteurs des mémoires du temps, mais presque tous ont négligé de citer le nom d'Antoine. Aussi nous avons été conduit à exprimer la pensée que le récit d'Antoine a précédé toutes les autres relations sauf celles données par la *Gazette de France* en avril et en may 1643; lorsque cette conviction sera fortement établie, nous nous ferons un devoir d'en fournir les preuves en mettant en parallèle les narrations des contemporains avec celle d'Antoine.

Deux copies du manuscrit d'Antoine sont conservées à Saint-Germain-en-Laye : l'une, reliée en veau plein, est un in-folio; elle présente les caractères de l'écriture du commencement du XVIII° siècle, elle paraît avoir été transcrite en 1712 sous les yeux de Jacques Antoine, âgé alors de 77 ans, fils d'Antoine l'aîné, décédé le 20 may 1677; — l'autre copie, in-quarto relié en veau plein, tranches rouges, n'est que la copie corrigée du précédent manuscrit, l'écriture est plus moulée, le style plus soigné; sous prétexte même d'élégance et de correction, la rédaction se trouve dénaturée, elle n'a plus ce cachet d'authenticité qui apparaît à chaque page de l'autre copie; sans aucune hésitation, nous nous sommes attaché à l'in-folio dont nous donnons la transcription.

En le lisant, on s'aperçoit que, chaque jour, Antoine, dans un des intervalles que lui laissait son service, a dû consigner sur son carnet les événements de la journée et a ensuite transcrit ses notes sans se préoccuper des répétitions de mots et de phrases ; mais les deux dernières journées de Louis XIII ont été rédigées après les obsèques du Roy et le portrait qu'il donne de son Maître et Souverain a été l'objet d'une attention plus soutenue.

« Je prie le lecteur, dit-il, d'excuser si les choses n'ont pas été écrites d'un style plus élégant, n'étant pas de mon métier d'écrire, ce que j'ai fait a été seulement pour conserver la mémoire de cette mort dans le cœur de ceux qui liront le présent manuscrit ».

Le journal d'Antoine peut être rapproché du *Mémoire fidèle des choses qui se sont passées à la mort de Louis XIII, fait par Dubois, l'un des valets de chambre*, publié en 1759, en 1838, en 1847, — de *l'Idée d'une belle mort ou d'une mort chrétienne dans le récit de la fin heureuse de Louis XIII surnommé le Juste, Roy de France et de Navarre, tiré des mémoires de feu Jacques Dinet, son confesseur, de la Compagnie de Jésus et dédié au Roy par le Père Antoine Girard de la même Compagnie*, 1656 ; — de la *relation de ce qui s'est passé jusqu'à présent de plus remarquable en la maladie du Roi publiée dans la Gazette de France d'avril et de may 1643, tirée du recueil des gazettes et nouvelles tant ordinaires que extraordinaires et autres relations des choses avenues toute l'année 1643, par Théophraste Renaudi*, 1644.

La lecture de ces documents ainsi que

celle des mémoires contemporains présente
un grand intérêt. Mais Mademoiselle de
Montpensier, Madame de Motteville, les
sieurs de Monglat, Louis de Pontis, de la
Châtre n'offrent pas dans la partie de leurs
écrits relative à la maladie et à la mort du
Roi ce style ferme et naïf d'Antoine l'aîné.
Malgré l'abondance des détails qu'on trouve
chez le garçon de la chambre du Roy,
quelques incidents signalés par les auteurs
des mémoires ont été passés sous silence par
Antoine. N'a-t-il voulu relater que les faits
seuls dont il avait été témoin; ces diffé-
rentes anecdotes sont-elles apocryphes? La
question peut être posée. Quoi qu'il en soit,
nous les citons soit pour donner ainsi un récit plus complet de la maladie du Roi, soit
pour montrer la différence du style chez les
auteurs des mémoires.

Le sieur Louis de Pontis, *qui a servi dans
les armées cinquante-six ans, sous les rois
Henri IV, Louis XIII et Louis XIV*, offre dans
ses mémoires publiés à Amsterdam en 1678
plusieurs points de comparaison avec la manière d'écrire d'Antoine. Telle est cette
anecdote que le lieutenant des gardes seul
a racontée :

Le Roy s'était mis un jour au soleil qui
entrait par une fenêtre de sa chambre afin
de s'échauffer, j'allai sans y prendre garde
me placer justement devant la fenêtre. —
Eh Pontis, me dit-il assez agréablement né
m'ôte pas ce que tu ne sçaurais me donner.

—Ne comprenant point ce que Sa Majesté me voulait dire et paraissant en peine de le savoir, je demeurais toujours dans la même place ; le comte de Tresmes m'avertit alors que c'était le soleil que j'ôtais au Roy, je me retirai incontinent.

Le pauvre prince, dit-il encore, devint si maigre et si défait que, ayant pitié de lui-même, il découvrit quelquefois ses bras tout décharnés et les montrait aux courtisans qui le venaient voir. Tirant son bras décharné hors du lit : « tiens, Pontis, ajouta-t-il en les montrant, vois cette main, regarde ce bras : Tels sont les bras du Roy de France. »

Dans la *Gazette de France* à la date du 30 avril, nous lisons : Le duc d'Angoulesme s'étant approché de son lit, le Roy lui montra son estomac amaigri par la longueur de la maladie, lui faisant remarquer comme la qualité de Roy n'exemptoit aucune des infirmités attachées à la condition humaine, et montrant au sieur de Liancourt ses bras décharnés, lui dit cette belle sentence : « Memento homo, quia *cinis* es. »

Antoine qui, une seule fois dans le cours du récit, est intervenu personnellement pour faire cette réflexion « *que les grands seigneurs ne devraient pas attendre à la mort pour récompenser leurs domestiques* », a passé sous silence ce qui se rapporte à l'étonnante négligence du service auprès du Roy. « On le servait fort mal, écrit de Pontis, durant sa maladie, à peine prenait-il jamais un bouillon chaud. J'avais une peine extrême de voir un Roy au milieu d'un si grand nombre d'officiers beaucoup plus mal servi que le moindre bourgeois de Paris. »

Dans la *Gazette* en date du 25 avril, nous voyons le récit de la communion du Roy. « Sa Majesté, prévoyant les différends qui pourroyent arriver entre plusieurs seigneurs présents à qui tiendraient la nape de communion dont les deux coins plus près du Roy ont accoutumé d'être tenus par les deux seigneurs plus qualifiés, avait dit à l'évêque de Meaux qu'il ne mît point de nape et n'estendît qu'un voile sur le lit de S. M. qu'elle seule tiendrait ; ce qu'on allait faire lorsque Monsieur, frère unique du Roy et le Prince de Condé arrivèrent en la chambre de S. M., laquelle selon la présence de son esprit, dist à l'évêque de Meaux, lorsqu'il alla lui donner l'eau bénite à son ordinaire avant que de communier, que ces deux princes ayant par leur arrivée terminé le différend que l'on appréhendoit, il pouvait mettre la nape sur son lit, ce qui fut fait et le coin de la main droite du Roy tenu par Monsieur et l'autre par le prince de Condé. »

Antoine dans le cours de sa narration semble éviter toute allusion politique ; il ne songe pas à sortir de son rôle modeste. La disgrâce de des Noyers est pour lui un simple incident. « On publia le 10 avril que le sieur des Noyers avait obtenu la permission plusieurs fois demandée de se retirer en sa maison de Dangu ». Tel est le langage des gazettes. Antoine se fait l'écho de cette nouvelle sans laisser deviner les intrigues que des Noyers avait nouées le jour où le roi était si malade; les mémoires de La Châtre racontent en grand détail la chute du ministre qui entraîna le changement du confesseur du Roi le P. Sirmond.

Antoine passe aussi sous silence le scandale arrivé le 29 avril et que les mémoires de La Châtre appellent l'événement du *Grand Jeudy* :

« On crut à la mort du Roi. Le maréchal
» de la Meilleraye avait fait venir de Paris
» ses amis en grande troupe pour soutenir
» sa prétention au gouvernement de Bre-
» tagne que le duc de Vendosme revendi-
» quait. Voyant arriver des gens en armes,
» le duc d'Orléans s'entoura de ses servi-
» teurs. »

C'est ce fait que rapporte Madame de Motteville :

« Les intrigues se nouaient autour du lit
» du Roy; le duc de Vendosme et le maré-
» chal de la Meilleraye se disputant le gou-
» vernement de la Bretagne. Ces gens, dit
» un jour le Roy avec une profonde amer-
» tume, viennent voir si je mourrai bien-
» tôt. »

Il recommanda d'éviter, quand on le por-
terait à sa dernière demeure, certains che-
mins défoncés, afin que les chevaux n'eussent

pas trop de peine, écrit Mademoiselle de Montpensier.

Dans les mémoires de Saint-Simon on lit :
« Tout ce que le roi put défendre pour ses obsèques le fut étroitement et comme il s'occupait souvent de la vue de Saint-Denis que les fenêtres lui découvraient de son lit, il régla jusqu'au chemin de son convoi pour éviter le plus qu'il pût à un nombre de curés de venir à sa rencontre et il ordonna jusqu'à l'attelage qui devait mener son chariot, avec une paix et un détachement incomparable, un désir d'aller à Dieu et un soin de s'occuper de sa mort, qui le fit descendre dans tous ces détails.

Je ne suis plus désormais que terre, dit-il, et il répétait durant la nuit : *Quid est homo* (le Père Dinet.) »

À l'appui des passages où dans sa relation Antoine parle des concerts que le Roy donnoit et dans lesquels il faisait sa partie, nous lisons dans Mademoiselle de Montpensier :

« Durant sa dernière maladie, le Roy mit en musique le *De Profundis* qui fut chanté dans sa chambre après sa mort, comme c'est coutume de faire aussitôt que les rois sont décédés. »

L'on avait réglément (régulièrement) trois fois la semaine le divertissement de la musique que celle (la musique) de la chambre du Roy venoit donner, et la plupart des airs qu'on y chantait étaient de sa composition ; il en faisait même les paroles. — Dans la *Gazette de France* on lit : « le 24 avril il commanda au premier valet de sa garde-robe de remercier Dieu comme il fit en chantant, sur l'air que S. M. lui avait autrefois elle-mesme donné, cette paraphrase du sieur Godeau qui commence : *Seigneur, à qui seul je veux plaire*, et lui aida et aux s^rs Camefort et Martin à faire un concert en sa ruelle sur de pareils cantiques. »

Dans les mémoires de La Châtre, on lit : « Il passa l'après dinée à ouir chanter Nielle dans sa ruelle et lui répondre parfois. »

On trouve dans le traité du P. Mersenne une chanson du Roy Louis XIII : « Tu crois, ô beau soleil. » Il jouoit aussi de quelques instruments; Fétis signale une basse d'Amati semée de fleurs de lis en or avec des armoiries, le signe de la balance, deux LL mises à dos et le chiffre XIII couronné.

Il est curieux de comparer le portrait du Roy tracé par Antoine avec ceux qui ont été donnés par Madame de Motteville, par Hévrard son médecin, par le Père Griffet, par le sieur de Bellemaure dans sa lettre au sieur de Nirancourt à Venise et par les différents historiens de Louis XIII, Bazin, Capefigue, Cousin et M. Marius Topin dont le récent ouvrage a éclairé d'un jour tout nouveau les rapports du Roy avec le cardinal de Richelieu.

Sa fin fut très édifiante. Il est impossible d'imaginer, dans une grande faiblesse de corps, une plus grande énergie que celle déployée par Louis XIII; jamais personne n'a

regardé la mort avec plus de force d'âme;
jamais personne ne s'est soumis avec une
plus extrême résignation à la volonté de
Dieu. « Je ne crois pas, dit le protestant
Grotius, qu'on puisse trouver non seulement un roi, mais un chrétien qui se dispose à la mort avec plus de piété. »

ALFRED CRAMAIL.

Histoire de ce qui s'est passé a la maladie et mort du roi Louis XIII, du 21 février 1643 au 15 mai 1643.

Le jeudy 21° jour de février 1643, le roy Louis XIII d'heureuse mémoire, dit le Juste, pour ses rares vertus, tomba malade dans son château neuf de Saint-Germain-en-Laye où il faisait sa demeure ordinaire tous les étés... d'une fièvre lente qui ne le quitta point jusqu'à la mort (et) qui d'abord ne paraissait pas dangereuse ny mortelle, au jugement des médecins qui ont accoutumé de flatter toujours les grands, ainsi qu'il arriva le contraire, car ils remarquèrent en peu de temps que la maladie était plus dangereuse qu'ils ne l'avaient cru, ayant duré deux mois et vingt trois jours..... Sa Majesté,... dans cet espace de temps, ne laissait pas d'avoir de bons intervalles de santé, travaillant à son conseil, allant à la chasse au vol et à la promenade dans sa forêt et faisant les mêmes exercices qu'en pleine santé...

Le samedy 23° jour du mois de février, S. M. fut bien soulagée... Elle tint conseil le matin au chevet de son lit, et déclara M. le duc d'Enghien, général en chef de l'armée de Flandres. — Le lendemain,... le Roy se trouva bien mieux, faisant, pendant ce tems, les mêmes exercices qu'en pleine santé, d'aller à la chasse mais en carosse et à la promenade dans le parc et dans la maison du Val que S. M. avait fait faire et rebâtir pour y aller faire souvent la collation au retour de la chasse où toute la cour se trouvait ordinairement.

Le samedy 2 mars, le Roy ayant mieux passé la nuit que la précédente, se trouva assez bien tout le reste du jour. Il se promena à pied dans ses jardins et dans ses grottes où il fit jouer toutes les eaux qui étaient d'une beauté achevée, et que l'on peut dire qu'il n'y en avait pas de pareilles dans tout le monde et où il y eut de plus belles machines. S. M. prit les mêmes divertissements jusqu'au vendredy 8.

Le dimanche 23ᵉ mars,... le Roy s'amusa à peindre au pastel où il réussissait très bien, faisant des portraits en perfection, le plus souvent de ses officiers, qu'il leur donnait pour se souvenir de lui. L'on peut dire que S. M. était le prince le plus adroit à faire tous ses exercices, comme à danser, à monter à cheval, à faire des armes et à tout ce qu'un gentilhomme de qualité devait savoir faire, et même savait aussi les mathématiques et les mécaniques, il forgeait et tournait au tour et faisait toutes sortes de filets à prendre animaux et oiseaux, comme aussi pour la pêche du poisson, y faisant même travailler quelques-uns des officiers de sa chambre les plus adroits, ce qui faisait bien leur cour auprès de S. M. qui n'était jamais oisive.

Le lundy 24° jour de mars, le Roi continua à se bien porter. Ayant bien passé cette nuit, il commanda que l'on fît entrer tout le monde à son lever, où il se trouva tant de peuples qu'il était comme impossible d'y pouvoir entrer ni faire le service. L'on était dans une grande joie de la bonne convalescence de S. M. Tout ce jour se passa dans les mêmes divertissements que le jour précédent.

Le mardy premier jour d'avril, S. M..... ne voulut voir personne cette matinée que ses officiers domestiques. La Reine y étant venue pour le voir jusque dans l'antichambre, mais ayant su que le Roi avait dit qu'il ne voulait voir personne ce matin, elle s'en retourna à son appartement. L'après midi elle revint avec MM. les Enfans, où dans la conversation elle dit à S. M. qu'elle l'était venue voir, ce matin, mais qu'elle n'avait osé entrer, ayant eu peur de l'incommoder, le Roy demeure fort surpris de ce discours, en répondant : « Madame, quand je dis que je ne voulais voir personne ce ne doit pas être pour vous, et vous savez bien que vous êtes la maîtresse en tout temps d'entrer chez moi ; c'est pour des étrangers que j'ai voulu parler ; c'est à mes officiers qu'il faut s'en prendre de ne pas vous avoir laissé entrer ». Cette conversation finie, une affluence de monde y survint de toutes parts pour savoir l'état de la santé du Roy. Le reste du jour se passa en petits amusemens que chacun y fit naître pour pouvoir dissiper son chagrin jusqu'au coucher qui se fit de bonne heure et en particulier. Cette nuit on releva de quartier des officiers, mais plusieurs ne voulurent quitter, voulant voir l'issue de la maladie du Roi.

Le mercredy 2ᵉ avril, le Roy se porta bien mieux..... Après midi il se leva quelques heures étant fort débile et lassé d'être couché. S. M. se fit apporter son fauteuil à la fenêtre qu'elle fit ouvrir pour avoir de l'air d'où il se voit la plus belle vue du monde ce jour étant fort serein. Le Roi ayant avancé la tête à la fenêtre, il aperçut les clochers de Saint-Denis qui se découvrent fort aisément de ce lieu. Il se tourna vers ses officiers, leur disant : « Mes amis, voilà ma dernière demeure que je vois, » leur montrant avec la main le chemin même par où l'on devait le mener. Ce discours ne se passa pas sans être mêlé de soupirs et de larmes de ceux qui l'avaient entendu, étant dit avec une si grande fermeté et sans émotion de la bouche de S. M., qui regardait le lieu de son tombeau avec un si généreux mépris......

Le samedy 5ᵉ jour d'avril..... le Roy se leva, ce matin, en robe de chambre, fort gaj, et dîna même en public. L'après dîné, le Roy envoya quérir par Tiffaine, garçon de la chambre, le sieur Camefort, Ferdinand, et Deniert qui était premier valet de garde-robe, qui chantaient et jouaient très bien du théorbe. Ils firent un petit concert et chantèrent en partie *Lauda, anima,* et autres airs de dévotion composés sur les paraphrases des psaumes de David du sieur Godeau. Le Roi voulut aussi chanter une des basses avec M. le maréchal de Chombert, (Schomberg) qui chantait fort bien. Ce concert réjouissait toute la Cour qui s'y était rendue. La Reine en ayant été avertie par M. de Souvray qui lui avait envoyé Antoine, aussitôt elle y arriva, étant fort surprise d'entendre cette musique et de voir un si grand changement en si peu de temps. Tout l'appartement du Roi retentissait de joie ; tout le monde disait à S. M. qu'Elle était dans le chemin de guérison avec la saison du printemps qui était très doux et qui achèverait le rétablissement de sa santé, à quoi le Roi répondit fort sérieusement, disant : « Messieurs, je suis fort résigné à la volonté du Seigneur ; s'il me fait la grâce de me redonner la santé, je travaillerai de tout mon pouvoir à donner la paix à tout mon royaume et à soulager mes peuples. » Le reste de ce jour se passa fort bien jusqu'au coucher que S. M. fit faire la lecture par le sieur Lucas dans le Nouveau Testament sur le XVIIᵉ chapitre de l'Évangile de saint Jean où sont les supplications que Jésus-Christ fit à son père avant que de passer le torrent de Cédron, pendant laquelle lecture le Roy s'endormit pour un peu de temps.....

Le dimanche 6° jour d'avril, S. M. continua à se bien porter, à la faiblesse près, jusqu'au dimanche 13, vaquant tous les jours à son conseil qui se tenait le plus souvent au chevet de son lit. Il congédia Sublet, sieur des Noyers, secrétaire d'État, qui avait demandé à S. M. la permission de se retirer. Elle pourvut de cette charge le sieur Michel Le Tellier, maître des requêtes, qui l'exerça par commission jusqu'à la mort du dit sieur Des Noyers, l'an 1645. Le Roi passa ces jours ainsi qu'il avait fait en pleine santé, à la réserve de monter à cheval, seulement allant en carrosse prendre l'air dans la forêt ou dans le parc, les après-dînés, pendant les beaux jours de la saison qui était fort douce, ce qui réjouissait fort S. M. de se voir mieux que les jours précédents. Pendant tout ce temps, elle reçut beaucoup de visites, particulièrement de Madame de Guise et de MM. les Enfans lesquels S. M. pria de demeurer quelque temps, étant bien aise de les voir, à quoi Madame de Guise répondit que S. M. lui faisoit bien de l'honneur et qu'elle demeureroit tant qu'il lui plairoit et seroit bien aise de pouvoir contribuer au rétablissement de sa santé. Tous ces jours se passèrent assez bien jusqu'au dimanche au soir que S. M. ressentit un petit frisson en se couchant.

Le lundi 21 avril, S. M. se trouva bien fatiguée..... Elle ne pouvait se tenir debout, cela étonna les médecins qui voyaient que le Roi diminuait à vue d'œil, et les obligea de faire une consultation pour voir s'ils ne se trouveraient point de remèdes pour le pouvoir soulager. Cette journée se passa fort mal.

Le mardy 22 avril, S. M. souhaita de faire baptiser monseigneur le Dauphin qui avait quatre années et huit mois, et pour cet effet envoya chercher la Reine, M. le cardinal de Mazarin et Madame Charlotte de Montmorency princesse de Condé, pour le tenir sur les fonts de baptême. La cérémonie en fut faite vers les dix heures du matin dans la chapelle du château vieux, par M. Séguier, évêque de Meaux, premier aumônier de S. M. sans aucune réjouissance à cause de la maladie du Roi. Monseigneur le Dauphin fut nommé *Louis* par M. le cardinal Mazarin avec Madame la princesse de Condé, sa marraine, en présence de la Reine et de toute la Cour. Après la cérémonie M. le cardinal fit récit au Roi de ce qui s'était passé et de la sagesse qu'avait eue monseigneur le Dauphin, qui arriva dans ce même temps. Le Roi l'ayant aperçu avec madame de Lensac, sa gouvernante, lui fit plusieurs questions sur ce sujet, entre autres, lui demanda :

« Mon fils, comment avez-vous nom à présent? » Monseigneur le Dauphin répondit sans hésiter : « Louis XIV, mon papa ». S. M. lui dit : « Pas encore, mon fils, mais ce sera peut-être bientôt, si c'est la volonté de Dieu », et lançant les yeux au ciel, dit : « Seigneur, faites-lui la grâce de le faire régner en paix, après moi, et en véritable roi chrétien; qu'il ait toujours en vue le maintien de votre sainte religion et le soulagement de ses peuples ». Après ce discours, S. M. paraissait fort contente. Elle avait le visage gai et vermeil, ce qui faisait voir qu'elle avait bien de la joie que cette cérémonie fût faite.

Le Roi, ayant souhaité d'être seul, envoya chercher la Reine, qui s'en était allée dans son appartement, et lui dit : « Madame, puisque Dieu m'a fait la grâce, cette journée, d'avoir fait une si grande action de faire baptiser mon fils, j'ai pris aussi la résolution de pouvoir donner la tranquillité à mon royaume, si Dieu dispose de moi : c'est de faire ma déclaration pour vous faire régente, jusqu'à ce que mon fils soit en âge, afin qu'il n'arrive aucune contestation à ce sujet. » Ce discours était accompagné de paroles si tendres qu'il tira des larmes à toute l'assemblée, en telle façon que la Reine en tomba comme évanouie dessus le lit du Roi, que M. de Souvray fut obligé de l'en arracher de force et l'emmener dans son appartement. S. M. envoya sur l'heure Antoine, garçon de la chambre, chercher

M. de La Vrillière, secrétaire d'État, à qui Elle avait beaucoup de confiance, et lui dit ses intentions en particulier et lui ordonna d'aller dresser la déclaration en forme de testament, afin de la faire vérifier au plus tôt. Toute la matinée ce passa ainsy.

Aussitôt que le Roi eut dîné il envoya Tortilière chercher M. de La Vrillière, qui arriva presque aussitôt avec M. le chancelier et plusieurs autres ministres et secrétaires d'État et quantité de princes et princesses et gens de qualité qui y abordèrent de tous côtés. S. M. fit ouvrir les rideaux de son lit et prenant la parole, dit à haute voix : « Messieurs, c'est en cette occasion que je veux que vous soyez témoins de mon intention pour donner à mon royaume la tranquillité et le repos après mon décès, s'il plaît à Dieu de disposer de moi, n'ayant pu jusqu'à présent lui donner la paix générale. »

Ce discours finy, qui était plein de tendresse, il ordonna à M. de La Vrillière de faire la lecture de la déclaration hautement, afin que tout le monde sût sa dernière volonté; ce que M. de La Vrillière fit, et eut bien de la peine à achever de la lire, à cause des fréquentes larmes qui lui coulaient des yeux, ne les pouvant retenir par le déplaisir qu'il avait de dresser un acte si fâcheux et qui donnait comme une marque évidente de la mort du Roi, son maître, qu'il aimait passionnément. Par cette déclaration, il ordonna que, en cas qu'il mourût, la Reine serait régente pendant la minorité de son fils, que Monsieur serait lieutenant général du Roy mineur, sous l'autorité de la Reine régente et de son Conseil, qui serait composé de M. le prince de Condé, du cardinal Mazarin, du chancelier, du sieur Claude Bouteillier et Chavigny, son fils, secrétaire d'État, que Monsieur en serait le chef et en son absence, M. le prince de Condé. Cette lecture finie, le Roi ordonna qu'on le laissât seul avec son confesseur. Tout le monde sortit dans l'antichambre en si grande foule que l'on ne savait s'y remuer, car chacun étant venu sur la nouvelle que le Roy se mourait.

S. M. ayant été environ une demi-heure avec son confesseur, elle fit entrer M. le chancelier, MM. de Chavigny et La Vrillière et leur ordonna de faire passer et vérifier sa déclaration incessamment au Parlement, ce qui fut fait et exécuté le même jour.

Le reste du jour se passa assez doucement. Le Roi parut d'une grande tranquillité, le visage très content et même plus qu'à l'ordinaire. La Reine demeura fort tard auprès de lui étant toujours dans une douleur extrême de voir S. M. diminuer et que toutes ces choses n'étaient qu'un funeste présage de sa mort.

Le mardy 5e jour de may, S. M. fut fort tourmentée. Il faisait faire la lecture par le sieur Chicot, l'un de ses médecins, à qui le Roi avait grande confiance, lui disant :

« Monsieur, quand me direz-vous qu'il faille partir de ce monde pour aller jouir d'un repos éternel? car je n'en espère point devant ce temps ». Le sieur Chicot lui ayant répondu : « Il faut que V. M. ait patience, s'il lui plaît, et attende ce moment avec une confiance en la sainte volonté de Dieu; il est le maître de notre vie et de notre mort ».

Le jeudi 7e jour de may, le Roi se trouva extrêmement mal le matin; toutes les parties de son corps lui faisoient douleur, dont les médecins étoient bien embarrassés d'y trouver quelque remède à ces maux qui survenaient les uns après les autres. C'est ce qui les obligea à faire une consultation entre eux, dans laquelle ils résolurent que si le mal continuoit jusqu'au lendemain, il faudroit donner ordre à faire recevoir le saint sacrement en viatique au Roy et pendant ce temps en faire avertir la Reine et les princes afin qu'elle n'en fut point surprise, et pour cet effet l'on en donna la commission à M. de Meaux qui luy fut annoncer cette fâcheuse nouvelle dont elle demeura fort surprise ne croiant pas le Roy dans cet état. Aussitôt elle partit de son appartement et trouva à son arrivée, le sieur Bouvard, médecin... Tout le monde était bien consterné de voir le Roy si mal et qui diminuoit de jour à autre; et personne ne le pouvoit voir sans jeter des larmes. La Reine qui en versoit à tous momens, outrée de douleur, ne bougeoit du chevet du lit du Roy.

Elle ne le voulut plus quitter dès ce moment, et pour ce sujet, ordonna qu'on luy apportât un petit lit dans un cabinet qui est près de la chambre du Roy, afin de luy ôter les inquiétudes continuelles qu'elle avait d'en être plus éloignée et pour apprendre la nuit plutôt l'état auquel le Roy étoit; car l'on peut dire que cette pauvre princesse, outre la douleur qu'elle avait de la maladie de S. M. elle était à bout de fatigue d'avoir même veillé plusieurs nuits. L'après-midy le Roi se trouva un peu plus tranquille que le matin. Il reçut les visites de MM. les maréchaux de Chatillon et de La Force qui étoient de la religion prétendue réformée. S. M. fut bien aise de les voir leur ayant dit plusieurs choses obligeantes sur leurs faits et après les exhorta avec douceur de quitter leur religion dans laquelle il n'y avoit point de salut; que véritablement ils étaient braves gens et d'un grand mérite selon le monde, mais qu'il n'en étoit pas de même selon Dieu; qu'il n'y avoit pas deux voyes pour aller au Ciel, que hors l'Eglise catholique, apostolique et romaine il n'y avoit point de salut à espérer, les conviant d'y faire réflection. Le reste de ce jour se passa comme de coutume, avec la lecture jusqu'à ce que S. M. fut un peu endormie.

Le vendredy 8ᵉ jour de may, S. M. se trouva un peu mieux n'aiant pas été si tourmentée la nuit... Elle ne voulut voir personne, toute la matinée, que la Reine qui étoit sa seule consolation. Après midy, le père Dinet vint voir S. M., ainsy qu'il avait accoutumé; il lui dit : « Sire, je me suis chargé d'une commission que je crois que vous ne trouverez pas mauvais que j'aye prise, qui est que V. M., ayant toujours souhaité d'avoir le bonheur de recevoir le saint sacrement du corps de Jésus-Christ dans sa maladie, Elle voudra bien s'y disposer maintenant, n'en sçachant point les suites ». S. M. receut cette nouvelle avec joie et sans émotion, disant : « Mon Père, je vous suis bien obligé de la bonne nouvelle que vous m'apprenés »; et levant les yeux au ciel, dit : « Seigneur me voilà prest à vous recevoir, faites-moi digne de cet honneur ». Tout le monde sortit de la chambre et le P. Dinet demeura seul avec le Roy pour le confesser. Pendant ce tems, M. de Souvray fit avertir la Reine qui étoit dans une affliction mortelle. Elle y arriva avec MM. les Enfans. Cette nouvelle se répandit par tout le roïaume, laquelle donna bien de la tristesse à tout le peuple qui arrivoit de toutes parts, de sorte qu'il n'y avoit pas moyen de pouvoir passer même dans les cours. Après que le Roy fut confessé, il demanda à voir la Reine et ses enfans. Etant entrée toute éplourée, elle se jeta sur son lit, l'embrassant tendrement. Elle lui dit des paroles qui auraient tiré des larmes d'un cœur de rocher. Ensuite LL. MM. eurent une conférence secrète ensemble, l'espace d'une heure, dans laquelle l'on entendoit des paroles fort touchantes qui faisoient voir la grande amitié qu'ils avoient l'un pour l'autre. Dans ce temps, madame de Vendosme tenait M. le duc d'Anjou qui se mit à gronder de ce qu'il n'y avoit pas une de ses femmes de chambre avec luy. L'on fut obligé de le renvoyer par Antoine avec madame de La Falaine, sa gouvernante, faisant trop de bruit au Roy. La conférence de LL. MM. étant finie, M. de Meaux et le P. Dinet entrèrent dans la chambre et disposèrent S. M. à recevoir le saint sacrement encore une fois; et l'aïant trouvé dans une disposition d'une âme tout-à-fait chrétienne et résignée à la volonté de Dieu, leur ayant dit mille belles choses sur ce sujet, M. de Meaux alla à la paroisse quérir le saint sacrement avec tout le concours du clergé, la Reine et les Enfans, avec les Princes et Princesses et toute la Cour. L'on peut dire que S. M. le reçeut avec une dévotion toute exemplaire. Un peu de temps après, l'on fit sortir tout le monde, S. M. voulut être seule, ayant demandé son petit pupitre dont Elle se sert quand Elle veut lire dans son lit et réciter ses prières qu'elle avait composées, intitulées : *Vera christiana pietatis officia per christianissimum Regem Ludovicum decimum tertium ordinata,* qu'elle récita l'espace d'une bonne demi-heure. S. M. sçavait par cœur tous les offices qui se disent journellement chaque jour de la semaine, qu'elle disoit avec l'office votif tous les lundis, et celuy des Morts tous les vendredis au soir, quelque affaire qu'Elle eust, pour demander à Dieu la grâce de bien mourir. Tout le reste du jour se passa en tristesse.

Le samedi 9ᵉ jour de mai, le roi se trouva plus mal à son réveil... Il s'adressa au sieur Bouvard, son premier médecin, disant : « C'est par votre ignorance l'état où je suis à présent, de m'avoir accablé de remèdes qui m'ont ruiné le corps tant en santé qu'en maladie. J'avoue que j'ai eu le malheur des grands de m'être fié à la conduite et l'ignorance des médecins, et au hasard de leurs remèdes qui m'ont réduit en l'état où je suis, quoique je les aie accablés de mes bienfaits pour me défaire de l'importunité ordinaire aux médecins ».

S. M. dit ces paroles avec beaucoup de chaleur, n'ayant pas la parole fort libre naturellement, et l'ayant encore beaucoup affaiblie de sa maladie, en telle façon qu'Elle avait le visage enflammé et les yeux étincelans, ayant eu peine à s'exprimer; ce qui obligea le P. Dinet, son confesseur, de lui dire : « Ah! Sire, il faut pardonner pour l'amour de Jésus-Christ qui a pardonné à ses ennemis ». A ces paroles, le Roi s'apaisa un peu de temps et dit : « De toute mon âme je lui pardonne, mon Père, mais il falloit que je déchargeasse mon cœur, afin qu'il y prenne garde à l'avenir ». Il dit encore plusieurs choses assez fâcheuses contre le sieur Bouvard, que j'ai voulu taire ici pour le laisser dans l'oubli, auxquelles le

P. Dinet répondit qu'il n'y falloit plus songer. Cela lui avoit causé de l'émotion ce qui
lui donna le soir un petit frisson. Madame
d'Elbeuf et madame sa fille eurent une petite
conférence avec S. M. qui leur dit des paroles fort obligeantes dans leur conversation qui fit plaisir au Roi lui ayant fait passer son frisson sans qu'il s'en aperçut. Sur
les dix heures du soir, S. M. s'endormit
dans la lecture.

Le dimanche 10e jour de may... sur les
trois heures du soir, S. M. appela la Reine, lui
disant : « Madame, j'ai résolu de faire mon
testament, encore que je sois bien persuadé
que vous exécuterez ponctuellement ma dernière volonté, sans qu'elle soit écrite ». Elle
ordonna à M. de Souvray d'envoyer Antoine
chercher M. de La Vrillière, secrétaire
d'Etat, pour le dresser. Etant arrivé, il s'en-
ferma avec S. M. et le P. Dinet quelque
temps, leur ayant ordonné de le cacheter et
le garder jusqu'à son décès pour le mettre
au jour; par lequel testament il est fait
mention qu'entre autres choses il donne
cent mille écus pour être distribués à ses
officiers, pour récompense de leurs services,
et quelques legs pieux qu'il a faits, et particulièrement à l'église de Saint-Germain
en Laye pour dire à son intention à perpé-
tuité un service des morts, le jour de son
décès, toutes les années, et donne aussi
quelques récompenses à quelques-uns de
ses affidés officiers. Toutes ces choses ne se

passèrent pas sans que le Roi n'eût quelque émotion interne de douleur, ne le pouvant même si bien cacher que l'on ne s'en aperçut, ayant fait lever les rideaux de son lit pour respirer un peu d'air, il avait sur le visage un vermeil qui lui étoit extraordinaire.

S. M. demeura seule avec la Reine et MM. les Enfans qui les entretenoit sur son état avec des paroles qui tirèrent des larmes à toute l'assemblée, de manière qu'il fallut emporter la Reine, outrée de douleur, la parole ayant manqué à S. M. quelque temps et ne se pouvant plus exprimer que par des signes de la main. Enfin, l'on peut dire que la douleur était réciproque du Roi et de la Reine qui s'aimoient uniquement. L'on fit sortir tout le monde d'extraordinaire, n'ayant demeuré près de S. M. que ses pauvres officiers tout désolés. Elle demanda M. de Meaux et le pria de vouloir bien faire une petite lecture, ce qu'il fit jusqu'à minuit que S. M. s'endormit.

Le lundi 11e jour de mai, le Roi se trouva plus mal, ayant des inquiétudes continuelles et de grandes faiblesses qui le prenoient fort souvent, ne voulant absolument plus prendre aucuns alimens. C'est ce qui fit désespérer entièrement les médecins de cette maladie et leur fit prendre la résolution de faire recevoir au Roi le sacrement de l'Extrême-Onction, ayant peur qu'il ne survînt quelque accident de nouveau. M. de

Souvray envoya aussitôt Dubois, valet de chambre, en avertir la Reine, et lui dire qu'il falloit passer par le cabinet du Roi à cause d'une grande foule de monde qui s'étoit rendue chez lui sur le bruit qu'il était mort. A cette nouvelle, la Reine accourut aussitôt. Ayant passé par la salle des gardes avec MM. les Enfans et leurs gouvernantes, portés par les huissiers de la chambre sur les bras, à cause de la grande presse pour éviter d'être blessés, on les fit entrer dans le cabinet. La Reine était demeurée dans la presse seule, n'ayant voulu attendre personne, et crioit : « Messieurs, faites-moi place, s'il vous plaît ». A cette parole, M. le duc d'Uzès, son chevalier d'honneur, la joignit et la fit passer avec bien de la peine, ayant été droit au lit du roi, l'embrassant et retenant les larmes le mieux qu'elle pouvoit, afin de ne pas fâcher S. M. — M. de Meaux, le P. Dinet préparèrent tout ce qu'il falloit pour le sacrement de l'Extrême-Onction. S. M. le reçut avec une dévotion toute particulière, répondant à toutes les prières que l'on a coutume de dire et se découvrant Elle-même aux endroits où il falloit lui poser les saintes huiles, faisant même des élévations d'esprit en levant les yeux au ciel, disant : « Seigneur, que votre volonté soit faite ».

Dans ce même temps, M. de Ventadour, chanoine de N.-D. de Paris, qui étoit homme d'une grande piété, eut une grande conférence secrète avec S. M. et s'étant retiré avec les larmes aux yeux de voir un si grand Roi si bien résigné à la mort et prêt à quitter son royaume avec si peu de chagrin. La Reine y étoit toujours présente, mais elle fut obligée de se retirer dans son appartement pour donner lieu à ses larmes, ne pouvant plus les retenir en présence du Roi, de peur de l'affliger. Tout le reste du jour se passa dans la tristesse.

Le mardi 12 mai, S. M. se trouva fort affaiblie... Sur le midi, le Roi demanda au sieur Bontemps si la Reine étoit chez elle. Lui ayant répondu qu'elle était à la messe, il lui dit d'aller la trouver, et qu'après la messe elle amenât avec elle MM. les Enfans, voulant leur donner sa dernière bénédiction. Il ne faut pas s'étonner si cette nouvelle redoubla l'affliction de cette pauvre princesse qui arriva aussitôt et lui présenta ses deux beaux enfans tout éplorés qui ne pouvoient exprimer que par leurs pleurs. C'est en cet endroit que l'on peut admirer la constance et la fermeté du Roi, et avec quelle joie il leur donna sa bénédiction, leur disant : « Mes enfans, je prie le Seigneur qu'il vous bénisse et qu'il vous ait en sa sainte garde. » Il leur dit encore plusieurs belles choses sur la manière de leur vie à l'avenir, ce qui toucha si fort ses deux enfants qu'ils se mirent à pleurer et gémir de telle sorte que S. M. fut obligée de faire signe de la main de les ôter de sa vue ne pouvant plus leur parler de la douleur qu'il avoit de les voir si touchés. Sur le soir, il demanda au P. Dinet, son confesseur, où était le sieur Bouvard, son premier médecin, qu'il le voyoit si peu. Lui ayant répondu qu'il était présent mais qu'il n'osoit paroître devant S. M. de peur de lui déplaire, il l'appele aussitôt et lui dit : « Monsieur, je vous pardonne de bon cœur et suis fâché de vous avoir donné quelque chagrin ». Il lui donna sa main à baiser et demanda s'il n'y avoit plus de remèdes à lui faire et si ce seroit cette nuit suivante qu'il mourroit. Le sieur Bouvard lui répondit qu'il ne croyait pas, à moins qu'il n'arrivât quelque chose d'extraordinaire, il n'en savait pas à lui faire étant trop faible pour les pouvoir supporter. Dans l'instant le Roi leva les yeux au ciel disant : « Mon Dieu, faites-moi miséricorde et donnez-moi la grâce de bien mourir... » Chacun se lamentoit de son côté de voir le plus grand roi du monde mourir sans pouvoir lui donner secours et étoit surpris de lui voir quitter son sceptre avec une si grande constance et regarder sa couronne avec un si grand mépris. S. M. fut assoupie jusqu'à la nuit. M. de Vendôme arriva qui lui parla un peu de temps en particulier, et l'on fit après sortir tout le monde de la chambre pour la rafraîchir y faisant très chaud.

Pendant ce temps le Roi étoit réveillé et s'entretenoit avec M. le Prince, lui disant : « Je viens de rêver que M. le duc d'Enghien, votre fils, en étoit venu aux mains avec les ennemis, que le combat avait été bien rude et opiniâtre et que la victoire avait été long-temps balancée. Cependant elle nous est demeurée avec le champ de bataille ».

M. le Prince lui dit que cela pouvait bien arriver; et en effet cela arriva ainsi, car peu de temps après, qui fut le 19 mai ensuivant, la bataille de Rocroy se donna que M. le Duc gagna.

Le mercredi 13 mai, le Roi fut comme désespéré des médecins. Le matin l'on lui donna un peu d'orge mondée qu'il prit, à la prière de ses pauvres officiers qui étaient tout en pleurs et consternés, leur disant . « Mes amis ne vous attristez pas tant, car vous me faites bien de la peine, je ne trouve pas mauvais que vous pleuriez; c'est une marque que vous m'aimez, dont je suis per-suadé. Mais cela m'afflige trop de vous quit-ter, sans vous avoir fait beaucoup de bien, j'espère que mon fils le fera ainsi que je l'ai recommandé à la Reine. Je prie Dieu de vous consoler ». Il leur dit encore plusieurs choses fort obligeantes, et qu'il était très content de leurs services...

Sur les deux heures, la Reine amena MM. les Enfans pour voir S. M. qui les de-mandait à tous momens pour converser avec eux. Y ayant été jusqu'à quatre heures, le Roi les renvoya dans la galerie se promener; où étant avec leurs gouvernantes et le sieur Dupont, huissier de la chambre, qui les portoit, disant à Mgr le Dauphin par forme de conversation : « Monseigneur, si Dieu disposoit du Roy, votre bon papa, voudriez-vous bien être Roy en sa place pour régner?» Ce petit prince répondit, les larmes aux yeux : « Non, je ne le veux pas être, et ne veux pas que mon bon papa meure, car s'il mouroit, je me jeterois dans le fossé. » Cette réponse surprit bien toute la compagnie. Il ne pouvoit exprimer sa douleur que par cette action. C'est ce qui fit dire à Madame de Lensac sa gouvernante : « Il ne lui en faut plus parler, il me l'a dit aussi deux fois; » parce que si, par malheur il s'étoit trouvé seul, il auroit donné de la peine; et depuis ce temps, elle ordonna de ne le point abandonner, ny quitter, et le tenir toujours par les cordons.

Pendant ce temps, le Roi eut un petit sommeil jusqu'à six heures. Il se réveilla fort inquiet, et demanda la Reine et les enfants, voulant encore une fois leur donner sa bénédiction, voyant qu'il diminuait toujours. Aussitôt, la Reine y arriva avec MM. les Princes, et s'étant jetée à genoux, S. M. retenant ses larmes de peur de faire de la peine au Roi, il leur donna sa bénédiction avec des sentiments dignes d'une âme aussi chrétienne que la sienne, leur ayant fait une exhortation toute pleine de douceur, en présence de tous les princes, princesses et de toutes les personnes de la Cour. Sur le soir S. M. voulut être seule avec les domestiques et MM. les évêques de Meaux et de Lisieux, les PP. Dinet, Ventadour et Vincent qui La voyoient toujours diminuer, l'exhortant à combattre pour l'éternité..... Alors le Roi répondit......

"« Mon père, je m'estimerois bien heureux, si le Seigneur ne me laissoit qu'une centaine d'années en purgatoire et croirois qu'il me feroit une grande grâce. » Ce discours fut interrompu par la Reine qui arriva dans ce moment; Elle ne bougeoit du chevet du lit du Roi, jour et nuit...

Sur les six heures du matin, S. M. étant fort inquiète, demanda au sieur Bontemps quelle heure il étoit et le quantième du mois. Lui ayant dit qu'il était sept heures et le jeudi, quatorzième du mois de may, fête de l'Ascension, le Roy se tourna vers les médecins, leur disant : « Messieurs, croyez-vous que je puisse aller jusqu'à demain? Je serois bien aise d'y aller si c'était la volonté de Dieu, car le vendredi m'a été bien souvent heureux y ayant gagné plusieurs victoires. » Les médecins lui ayant dit qu'ils n'en étoient pas assurés, ils le considérèrent de tous côtés, et l'ayant trouvé en très méchant état, ils dirent que si son redoublement le prenoit bien violemment, il y auroit à craindre qu'il ne put y résister, n'ayant pas assez de force pour pouvoir le supporter. S. M. ordonna que l'on ouvrit les rideaux de son lit et les fenêtres de sa chambre pour avoir un peu d'air... Elle demanda la messe où il ne s'y trouva pas beaucoup de monde, étant dite du matin ce qui n'étoit accoutumé. C'est en cet endroit que l'on remarquera la grande résignation que S. M. avoit. Après que la messe fut dite, Elle fit lire le sieur Lucas dans la vie de Jésus-Christ mise en françois par le P. Bernardin de Gesvres de Montreuil. Pendant icelle, le Roi sommeilla un peu, étant fort fatigué. Après il dit : « Je me sens bien mal » et appelant tous ses médecins, s'adressant au sieur Bouvard : « C'est à présent qu'il ne me faut plus rien déguiser, dites-moi votre assentiment sur mon état. » Le sieur Bouvard lui ayant tâté le pouls, lui dit, la larme à l'œil : « Je crois, Sire, que ce sera bientôt que Dieu délivrera V. M. des peines de ce monde, ne lui trouvant plus guère de pouls. » A ces paroles, le Roi dit, sans s'émouvoir, les yeux tournés vers le ciel : « Mon Dieu, recevez-moy à votre miséricorde, » et joignant les mains, priant Dieu avec une ferveur digne d'exemple et haussant sa voix il dit : « Seigneur, que votre volonté soit faite. Je suis prêt à souffrir pour l'amour de vous et pour la rémission de mes péchés. » Il se tourna vers MM. de Meaux, de Lisieux, de Ventadour et le P. Dinet et autres ecclésiastiques qui étaient présents leur disant : « Messieurs, je vous prie de ne point m'abandonner dans cette occasion où il y va de mon salut, et de m'entretenir sur les jugements de Dieu qui sont terribles pour les pécheurs. » S. M. appela M. de Meaux et

M. de Sonvray et leur dit : « Messieurs, il
est temps que je fasse mes derniers adieux.
Faites venir tous mes pauvres officiers afin
de ne plus songer aux affaires temporelles
de ce monde, mais à celles de l'éternité. »

La Reine y était dans un état à faire com-
passion. Elle se jeta sur le lit du Roi, l'embrassant, les larmes aux yeux, si tendrement que l'on fut obligé de l'arracher de
force. M. de Souvray l'emmena dans son appartement faisant des cris que l'on enten-
dait de tous côtés, le Roy lui ayant demandé pardon, s'il avoit pu lui donner
quelque chagrin. Le Roy continua ses adieux
à ses enfans, aux princes, aux ministres, à
ses pauvres officiers, tant à sa chambre,
garde-robe, gobelet et bouche, et autres qui
s'y étoient trouvés, et leur réintérant qu'il
étoit fâché de ne leur avoir pas fait tant de
bien qu'ils le méritoient pour les bons services qu'ils lui avoient rendus dont il était
très content. L'on peut faire ici une réflexion
pour les grands seigneurs : de ne pas attendre à la mort à récompenser leurs domestiques ou laisser à d'autres cette commission.
Cependant le Roi étoit tombé dans ce cas
pour ses officiers. Il tira la main hors du lit
qu'il leur ordonna de baiser, l'un après
l'autre. Ils la mouillèrent de leurs larmes.
S. M. fut fort sensible de les voir si touchés.
Il leur retira sa main et se retourna d'un
autre côté et peu de temps après demanda
où était la Reine et MM. ses enfans qu'il les

fouloit encore voir une fois. On en fit avertir la Reine qui les enmena, outrée de douleur. Le Roi lui dit plusieurs choses entr'autres qu'elle eût bien soin de l'éducation de ses enfans, et aux Princes qu'ils eussent bien du respect pour la Reine. Il leur fit quelques discours et remontrances pour l'avenir, et leur recommanda de se ressouvenir de lui, ce qui les fit pleurer, en disant que oui. Il les fit retirer et il fallut emporter la Reine, étant évanouie de tristesse.

L'heure de midy étant arrivée, le Roi fit approcher de son lit MM. les évêques de Meaux, de Lisieux, les PP. de Ventadour et Dinet, son confesseur, qui ne le quittèrent qu'après la mort. Ils se mirent tous à genoux et priant Dieu avec S. M. qui leur dit : « Quand vous verrez le temps de l'agonie, vous réciterez les prières que j'ai marquées dans mon grand livre que vous tenez. » La chambre du Roi étoit si pleine de monde que l'on y étouffoit de chaleur, en telle façon que S. M. étoit obligée le plus souvent de dire : « Messieurs, donnez-moi un peu d'air », en faisant signe de la main, n'ayant plus la parole aussi libre que l'esprit et le jugement, qu'elle a eu jusqu'au dernier moment de sa vie. S. M. avait les rideaux de son lit ouverts, étant sur son séant appuyée sur un oreiller les bras dehors. Ayant été un peu de temps ainsi, l'heure de l'agonie arriva. L'on s'aperçut que sa bouche et ses lèvres pâlissoient, ses yeux se brouilloient, son teint blanchissoit et devenoit pâle..... le Roi voulut parler à M. de Meaux, mais la parole lui manqua; et jetant sa vue sur le P. Dinet, il mit son doigt sur sa bouche, ne pouvant plus exprimer ce qu'il vouloit dire. Dans ce temps, la parole lui manqua tout à fait. Dans ce moment la Reine s'écria : « Messieurs, je suis perdue, adieu, mon cher mari », en faisant des cris qui retentissoient jusqu'au ciel, ainsi que faisoient ses pauvres officiers. M. le Prince la pria de ne point demeurer et l'enmena dans son appartement outrée de douleur ne voulant écouter personne pour la consoler.

MM. de Meaux, de Lisieux et le P. Dinet crioient aux oreilles du Roi « Vive Jésus et Marie! ayez en eux de la confiance. Vous combattez pour le ciel. » A ces paroles, il se réveilla un moment et se rassoupit. C'est en cet endroit où l'on peut faire réflexion sur l'état où étoit ce prince, souffrant son mal si constamment et ne se tourmentant aucunement... Enfin... ayant fait un grand soupir il rendit l'âme sans avoir fait aucune contorsion.

Ainsi mourut le très pieux et vertueux prince Louis XIII dit le juste et le victorieux, à deux heures trois quarts après midy, le jeudy quatorzième de may, fête de l'Ascension mil six cent quarante-trois, âgé de quarante-deux ans ou environ, ayant régné trente-trois années, étant décédé en pareil jour que Henri IV, son père.

Aussitôt que le Roi fut décédé, toutes les portes furent ouvertes. M. de Meaux lui jeta de l'eau bénite, chacun fit des prières pour lui, et un si grand nombre de gens vinrent jeter de l'eau bénite sur son corps que, en un moment toutes les cours et appartements se trouvèrent remplis de toutes sortes de peuple que l'on avait peine à pouvoir aborder de la chambre, ce qui faisoit même un si grand murmure que l'on avait peine à s'entendre, à cause des cris et lamentations qui retentissoient de tous côtés. L'air ne retentissoit aussi que de sons lugubres de cloches. Enfin, l'on peut dire que ce n'étoit qu'un chaos pour la confusion. Sur les quatre heures, M. de Souvray, premier gentilhomme de la chambre, commanda à l'huissier de faire sortir de la chambre pour un peu de temps tout le monde, hors les officiers, pour changer le corps du Roi et le mettre plus proprement, ainsi qu'il l'avait recommmandé avant que de mourir, ce qui fut fait promptement par les valets de chambre et tapissiers pendant que l'on tendait les appartemens de deuil.

Ce jour toute la cour fut coucher à Paris, ne restant que les personnes qui étoient nécessaires, comme les aumôniers, chapelains pour psalmodier et rester auprès du corps du Roi, avec des religieux de plusieurs ordres qui récitèrent des prières jour et nuit. Le reste de ce jour se passa en confusion et lamentations.

Le lendemain vendredy 15 mai, l'on embauma le corps de S. M. que l'on mit dans un cercueil de plomb avec une inscription, qui fut porté à Saint-Denis en France, ainsi qu'on a accoutumé d'y porter le corps des Roys pour être mis en sépulture.

Les cérémonies des obsèques se firent sans beaucoup de pompe, comme il l'avait ordonné, et ainsi qu'elles se sont faites à beaucoup d'autres Roys et Princes, que je n'ai pas voulu décrire icy comme une chose inutile et n'étant pas même de mon dessein.

Je dirai pour finir que le Roy était d'une taille médiocre, bien proportionnée, le corps assez menu, fort maigre, le teint brun, les yeux ainsi que le poil de la barbe et les cheveux noirs plus longs du côté droit; les dents doubles, le nez long et aquilé, la bouche et les lèvres belles et vermeilles; les mains et les doigts fort bien faits et proportionnés, la peau des plus blanches. Son esprit était vif et son humeur prompte; son parler d'une si grande vivacité que le plus souvent l'on avait peine à l'entendre, à cause qu'il avait la langue si longue et si épaisse quand elle était sortie de sa bouche qu'il avait peine à la retirer, ce qui le faisait quelquefois rougir surtout devant les étrangers. Il avait beaucoup d'imagination, de mémoire et de jugement, et néanmoins il se défiait de lui-même et préférait les sentiments des autres aux siens. Il était adroit à tous les exercices du corps, prudent, vaillant, pieux, chaste, sobre, secret, dissimulé quand il le falloit, modeste, et si juste qu'il en avait acquis le renom, bon à ses domestiques, les récompensant dans sa bonne humeur, chacun suivant leur mérite, qui lui était rapporté par des gens de qualité et principalement par des favoris. S. M. était brave, dévote au dernier point, mais d'une belle dévotion ; elle récitait chaque jour son office, les vendredis l'office des morts tout au long. Elle avait la connaissance de plusieurs arts où Elle était fort appliquée comme la musique, les mécaniques ; Elle forgeait et tournoit au tour, dessinoit et peignoit des paysages et portraits même au pastel, faisoit toutes sortes de filets à prendre du gibier et à pêcher, chassoit à toutes sortes de chasses, même au préjudice de sa santé, comme aussi la volerie qui était pour Elle un si grand plaisir que l'on peut dire qu'Elle l'aimait avec trop de passion, lui ayant altéré la santé en telle façon que ses jours en ont été beaucoup abrégés par les grandes fatigues qu'Elle s'y est donnée, même dans les mauvais tems. Elle aimait pareillement les jardinages et bâtiments, autant que le tems lui permettoit la dépense. Enfin l'on peut dire que c'était un prince bien accompli pour toutes les rares vertus, et digne d'exemple pour ses successeurs.

Je prie le Seigneur de le recevoir dans son saint paradis et de faire régner le Roy son fils en paix.

Ayant été bien aise, pour la consolation de ses bons sujets, d'avoir fait ce présent manuscrit de ce qui s'est passé à la maladie et mort de ce bon Roy avec le plus de fidélité que j'ai pu, ayant été témoin des faits qui y sont rapportés, je prie le lecteur d'excuser si les choses n'ont pas été écrites d'un style plus élégant, n'étant pas de mon métier d'écrire. Ce que j'en ai fait a été seulement pour conserver la mémoire de cette mort dans le cœur de ceux qui liront ce présent manuscrit.

Épitaphe du Roi Louis XIII d'heureuse mémoire

SIC LODOÏCUS INEST DEMUS TERNUSQUE VOCATUS
QUI TITULUM LIQUIT DUPLICIS IMPERII
NEC TAMEN HIC TOTUS; SOLA HIC SUNT OSSA : PETESSUNT
CŒLUM ANIMA, AST ORBEM GLORIA, CORPUS HUMUM;
INTERIIT CORPUS, VIVIT SED GLORIA, VIVIT
SPIRITUS; IN SOLO CORPORE MORS POTUIT.

Fontainebleau. — M. E. Bourges, imp. breveté.